Belky Liliana Gutiérrez Paredes

APULEYO EDICIONES   FOMENTO DE VALORES   CUENTOS ILUSTRADOS

La historia de Dulce

APULEYO EDICIONES   FOMENTO DE VALORES   CUENTOS ILUSTRADOS

Había una vez una niña llamada Dulce con rizos negros que parecían bailar al ritmo del viento cuando corría por el parque. Siempre tenía una sonrisa en su cara, pero a veces, una nubecita gris se asomaba en su corazón. ¿Por qué? Porque Dulce extrañaba mucho a su papá. Todos sus compañeros iban a los eventos de la escuela con sus papás y mamás, pero ella solo podía ir con su mamá. Sus papás se habían separado y su papá vivía en otra ciudad. Esto hacía que Dulce se sintiera diferente a sus amiguitos.

Un día, la vida de Dulce cambió por completo. En su país hubo un gran problema de guerra, así que Dulce y su mamá tuvieron que mudarse a otro país. ¡Qué aventura tan emocionante y aterradora al mismo tiempo! En su nuevo hogar, todo era diferente: el idioma sonaba gracioso y la comida tenía sabores curiosos. Pero había algo muy especial en este nuevo lugar: ¡nuevos amigos!

Dulce conoció a muchos niños maravillosos, cada uno con una familia única:

Primero, conoció a Mateo, un niño con dos mamás. Mateo siempre tenía una sonrisa en el rostro y su corazón rebosaba de alegría. Le encantaba ir a comer helado y jugar al fútbol con sus mamás. "¡Dos mamás significa el doble de helado!", decía Mateo con una risita.

Luego estaba Eva, que compartía su tiempo entre su mamá y su papá, que también estaban separados. A pesar de eso, celebraban los cumpleaños y Navidad juntos. Eva tenía un hermanito llamado Nico, y juntos formaban un equipo imparable. "Somos como Batman y Robin", le decía Eva a Dulce.

Dulce también conoció a Alma, quien tenía dos papás cariñosos que la querían con todo su corazón. Les encantaba ir de viaje a la playa y construir castillos de arena gigantescos. "¡Nuestro castillo es tan grande que podría vivir un dragón!", exclamaba Alma mientras se reían todos juntos.

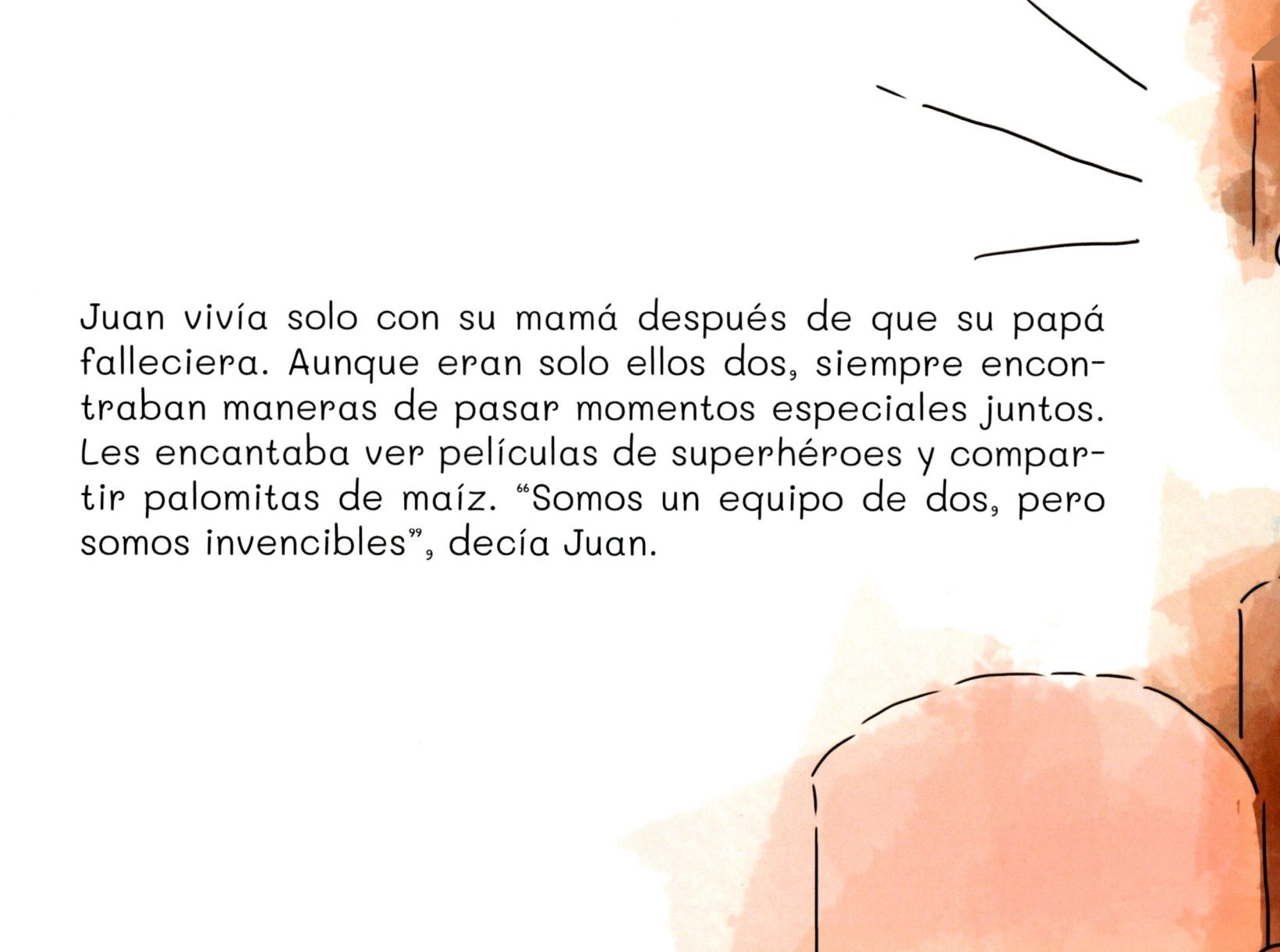

Juan vivía solo con su mamá después de que su papá falleciera. Aunque eran solo ellos dos, siempre encontraban maneras de pasar momentos especiales juntos. Les encantaba ver películas de superhéroes y compartir palomitas de maíz. "Somos un equipo de dos, pero somos invencibles", decía Juan.

Luna tenía una familia numerosa, su mamá, su papá y tres hermanos. Los domingos, su casa se llenaba de risas mientras preparaban cenas de pizza y salían juntos a andar en bicicleta por el parque. "Más hermanos, más diversión", decía Luna con una carcajada.

Nico, otro amigo de Dulce, era un niño adoptado y siempre tenía una gran sonrisa en su cara. Tenía unos papás que lo querían tanto como si hubiera nacido en su familia. Juntos exploraban la naturaleza y construían castillos de arena en la playa. "Mis papás me encontraron y ahora somos una familia perfecta", contaba Nico con orgullo.

Valeria vivía con sus abuelitos y disfrutaba de los días soleados en el parque, alimentando a los pajaritos y volando cometas con ellos. "Mis abuelitos son los mejores compañeros de aventuras", decía Valeria feliz.

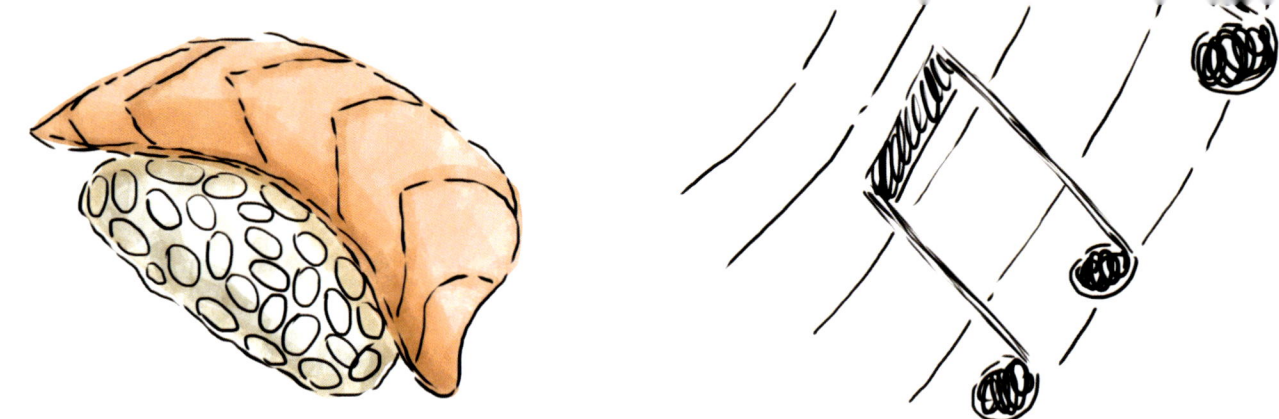

Sofi y Lucas venían de diferentes países. El papá de Lucas era de Japón y la mamá de Sofi era de Brasil. Celebraban las tradiciones de ambos países y les encantaba cocinar platos típicos. "¡Hoy comemos sushi con samba!", decían riendo mientras bailaban y cocinaban.

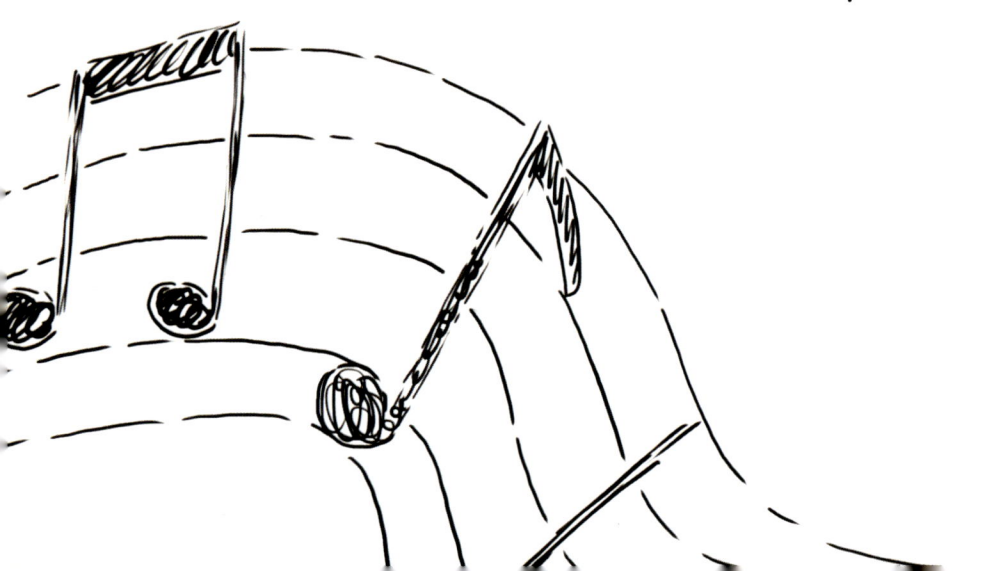

Elena tenía dos papás y dos mamás, ¡y una familia enorme! Pasaban los fines de semana juntos, haciendo barbacoas en el jardín y jugando a montones de juegos de mesa. "Cuatro padres significa el doble de amor y el doble de diversión", decía Elena con una sonrisa.

Mientras tanto, en la vida de Dulce, su papá conoció a una mujer amable y amorosa, y pronto tuvo dos hermanitos. Y su mamá encontró a un hombre cariñoso que también la quería mucho. Todos juntos se convirtieron en una gran familia.

Dulce aprendió que no importa si una familia es grande, pequeña o diferente, lo más importante es el amor que se tienen. Se dio cuenta de que su familia era única y muy especial. Y que lo más importante es amar y ser amado.

En un día soleado en el parque, rodeada de risas y juegos, Dulce miró a su alrededor y sintió mucho amor en su corazón. Porque entendió que el amor, en todas sus formas, es lo más importante en la vida. Y se sintió muy feliz.

¡Cada familia es única e irrepetible!

¿Cómo es tu familia?

_____

_____

Dibuja a tu familia haciendo la actividad que más les guste hacer juntos.

Espero que disfrutes este cuento y recuerdes que el amor de la familia es lo que más importa, ¡sin importar cómo sea tu familia!

Belky Liliana Gutiérrez Paredes

© Belky Liliana Gutiérrez Paredes (de la obra)
©Apuleyo Ediciones (de esta edición)
Primera edición en Apuleyo Ediciones: febrero 2025
Diseño de cubierta: F.J.Garrido Barroso
Corrección: Aitor Andreu Guerrero
Maquetación: F.J.Garrido Barroso
Ilustraciones: Michelle Veneziano
Coordinación editorial: Isidoro Cidre González
info@apuleyoediciones.com
www.apuleyoediciones.com
ISBN: 978-84-1060-393-6
Depósito legal: H 465-2024

Hecho e impreso en España.

La historia de Dulce

APULEYO EDICIONES   FOMENTO DE VALORES   CUENTOS ILUSTRADOS

Belky Liliana Gutiérrez Paredes

APULEYO EDICIONES   FOMENTO DE VALORES   CUENTOS ILUSTRADOS